AF206004

Bremerhaven

lieben lernen

Der perfekte Reiseführer für einen unvergesslichen Aufenthalt in Bremerhaven inkl. Insider-Tipps und Packliste

Swantje de Buhr

Alle Ratschläge in diesem Buch wurden vom Autor und vom Verlag sorgfältig erwogen und geprüft. Eine Garantie kann dennoch nicht übernommen werden. Eine Haftung des Autors beziehungsweise des Verlags für jegliche Personen-, Sach- und Vermögensschäden ist daher ausgeschlossen.

Bremerhaven lieben lernen
Copyright © 2019 Swantje de Buhr

Auflage 2019

✈ INHALT

Vorwort   1

Lage und Geschichte   2

Der Bremer Hafen 6

Die Stadtteile   11

Wulsdorf 12

Fischereihafen 14

Geestemünde   15

Mitte 18

Lehe   30

Häfen 33

Museen und Kultur   44

Deutsches Schiffahrtsmuseum   44

Deutsches Auswandererhaus   47

Historisches Museum Bremerhaven 49

Expedition Nordmeere 52

Stadttheater Bremerhaven 53

Parks und Outdoor   55

Weser-Strandbad   55

Deich 56

Bürgerpark   57

Speckenbütteler Park   58

Thieles Garten 59

Veranstaltungen   61
   SAIL Bremerhaven 63

Packliste   68

Vorwort

Kennen Sie Bremerhaven schon? Nein? Kennen Sie denn Manhattan? Genau, das in New York, das niemals schläft. Wer es dort schafft, wird überall bestehen, heißt es. Der Nabel der Welt, das Ziel aller Sehnsucht. Nun, wie es der Zufall will, sind sich Bremerhaven und Manhattan sehr ähnlich.

Beide sind fast gleich groß, Bremerhaven ist mit 93 qkm etwas größer als der New Yorker Stadtteil, der es auf immerhin 87 qkm bringt. Beide liegen an einem oder zwei Flüssen. Die Weser ist bei Bremerhaven zwischen 1,2 und 2,8 Kilometern breit, der Manhattaner Hudson River ist dort, wo 2009

Flugkapitän Burnett eine spektakuläre Notwasserung gelang, etwa 2 Kilometer breit. Selbst die Flusslängen sind vergleichbar, bei der Weser sind es 452 Kilometer, der Hudson kommt auf 493 Kilometer. Die Formen auf den Landkarten sind fast gleich, langgestreckt und schmal schmiegen sich beide an ihre Flüsse. Tja, wohin soll die Reise gehen? Keine Frage!! Auf nach Bremerhaven.

LAGE UND GESCHICHTE

Bremerhaven, auf Platt Bremerhoben, ist eine Großstadt mit knapp 115.000 Einwohnern. Sie ist noch nicht besonders alt, noch nicht einmal 200 Jahre. Natürlich siedelten nahe der Wesermündung immer schon Menschen. Sie fanden moorigen Boden und die Ablagerungen der eiszeitlichen Gletscher vor. Das bedeutete, es gab genug Baumaterial für Siedlungen, und die Hütten waren mit Torffeuern gut geheizt; aber landwirtschaftliche Erträge mußten dem kargen Boden ziemlich mühsam abgerungen werden. Die Menschen lebten eher von der Viehhaltung. Das Klima war angenehm zu den Zeiten der germanischen Stämme, und das ist es bis heute.

Durch ihre Lage nahe der Nordsee kommt Bremerhaven in den Genuss der Auswirkungen des Golfstroms. Diese atlantische Meeresströmung befördert unaufhörlich warmes Wasser aus der Karibik nach Nordosten, an Spanien und Frankreich vorbei, in die Nordsee und weiter an Skandinavien entlang. Es gibt weniger extreme Temperaturen als im Binnenland, weder nach oben noch nach unten. Gluthitze im Sommer wird durch den Seewind erträglich gefächert, und für die Winter bedeutet dies: Bremerhavener Kinder kennen (fast) keinen Schnee! Minustemperaturen sind selten. Allerdings findet der Westwind, der vorherrschende Wind auf der Nordhalbkugel der Erde, keinerlei Hindernisse auf seinem Weg über das Wasser, bevor er ungebremst auf Land trifft. Hohe Windstärken ist man hier gewohnt. Ein Bremerhavener Schnack ist: Sturm ist erst, wenn die Schafe keine Locken mehr haben.

Hohe Windstärken an der Küste bedeutet Sturmfluten. Früher waren sie eine tödliche Bedrohung für Mensch und Tier. Alle paar Jahrzehnte forderte das Wasser einen traurigen Tribut. Besonders heftige Ereignisse nannte man Manndränken und sie blieben jahrhundertelang in den Geschichten lebendig. Sie veränderten sogar die Landkarten. Das Wasser riss Teile des Landes mit sich und spülte an anderen Stellen Sand auf. Deiche waren die Rettung. Mit Gras bewachsen werden sie bis heute von den Schafen gepflegt. Sie wissen es, die Windanzeiger an der Küste. Ist das Fell normal, ist Windstille. Locken nach rechts, heißt Westwind, nach links, kommt der Wind von Osten. Oder andersrum. Und Schafe ohne Locken, dann ist Sturm.

Die Germanen, in der Hauptsache Angeln und Sachsen, wurden durch ihre Lebensumstände geprägt. Wettergegerbt und wortkarg kämpften sie mit dem Ackerboden um ihre Nahrung, sie mussten sich gegen Nordmännerangriffe von See her wehren, sie erlebten die Christianisierung und kamen mit wechselnden Herrschenden zurecht. Seit zweieinhalb tausend Jahren lebten dauerhaft Menschen, Sippen und Dörfer in der Gegend des heutigen Bremerhaven. Die nächste größere Stadt war Bremen, das heute niedersächsische Umland war dünner besiedelt. Ab dem Mittelalter nahm der Einfluss der Stadt und des Erzbistums Bremen immer mehr zu. Nach 1648 gehörte das Gebiet zu Schweden, zwischendurch kurz zu Dänemark, dann kamen die

Braunschweiger, und seit 1814 regierte der König von Hannover sein Reich bis zur Küste.

Zu der Zeit gab es viele kleine und größere Dörfer, mehr oder weniger lose verbunden, manchmal im Streit miteinander, aber immer eigenständig. Die Landessprache, das Nieder- oder Plattdeutsche, war in jedem Ort ein kleines bisschen anders. Man verstand sich und grenzte sich gleichzeitig ab.

Die ältesten archäologischen Funde auf dem Gebiet der Stadt Bremerhaven stammen ungefähr von 800 v. Chr. Ein Wohnstallhaus aus der Eisenzeit, Keramikscherben und Brunnen geben Zeugnis vom Leben der Menschen. Das Historische Museum Bremerhaven, ehemals Morgenstern-Museum, hat sich der Aufgabe angenommen, die Vergangenheit den Besuchern nahezubringen. Dieses Museum wurde im Jahre 2000 zum Europäischen Museum des Jahres nominiert. Dazu später mehr.

Die ersten urkundlichen Belege für die einzelnen Keimzellen der späteren Stadt sind datiert auf die Jahre 1091 für das im Norden gelegene Weddewarden, 1139 für die beiden südlichsten Stadtteile Wulsdorf und Geestendorf, das heute Geestemünde heißt, und 1275 für Lehe. Diese Orte liegen bis zu 15

Kilometer auseinander. Bremerhaven ist also ein geplantes Gebilde, deren Teile miteinander verbunden wurden und aufeinander zu gewachsen sind. Es gibt keine älteste Stadtmitte, um die herum sich die Stadt hätte ausbreiten können. Die Teile Bremerhavens sind bis heute deutlich voneinander unterscheidbar, haben ihre Eigenheiten und jeweils andere Infrastruktur. Sogar bei den politischen Wahlen wird das deutlich. Es gibt große Unterschiede bei den Ergebnissen.

DER BREMER HAFEN

Bremerhaven ist der kleinere Teil des Bundeslandes Bremen. Etwa 20 Prozent der Bewohner und der Fläche entfällt auf die Stadt, die rund 60 Kilometer weserabwärts nördlich von Bremen liegt. Das hat einen ganz klaren Grund, und der hat einen Namen: Johann Smidt. Smidt war Bürgermeister von Bremen, Wohl und Wehe der Hansestadt lagen ihm am Herzen. Bremen war von alters her eine Handelsstadt.

Der Reichtum vieler Bürger war im Handel, vor allem zu Schiff, begründet. Das zeigt Bremen bis heute, vor allem in der guten Stube, wie die Bremer liebevoll ihre Innenstadt rund um den Marktplatz mit dem Roland nennen. Im Schnoorviertel, in der Böttcherstraße und an der Schlachte stehen eindrucksvolle Häuserzeilen. Die Kaufleute und Kapitäne sorgten für das vor allem wirtschaftliche Wohlergehen Bremens. Deshalb war es ein Grund zu höchster Besorgnis, als die Weser zu versanden begann. Fließende Gewässer können ihre Tiefe nach und nach verlieren, wenn der Fluss viele Sedimente, zum Beispiel Sand und Geröll, mit sich führt und in ruhigem Wasser zu Boden sinken lässt. Das ist ein natürlicher Prozess, weil von den Ufern immer wieder Erde und Sand mitgenommen wird. Aber auch menschliche Eingriffe in Flussläufe, vor allem Begradigungen, können die Fließgeschwindigkeit verlangsamen und so zu stärkerer Versandung führen. Dieses Problem bemerkten die Bremer Händler und Kapitäne ab dem 18. Jahrhundert.

Die Schiffe, die die Weser stromaufwärts bis Bremen befahren konnten, mussten ihren Tiefgang immer mehr verringern, um nicht auf Grund zu laufen. Das bedeutete, sie waren kleiner oder nicht mehr voll beladen. Das drohte die Bremer Kaufmannschaft bis ins Mark zu treffen.

Ideen, das Problem zu lösen, gab es durchaus. Die Weser immer wieder auszubaggern und so zu vertiefen, war aber auf Dauer nicht zu leisten, die ganze Stadt zu verlegen kam auch nicht in Frage. Bürgermeister Johann Smidt hatte als erster die Weitsicht und den Mut, die zukunftsfähige Lösung anzugehen: einen neuen Hafen näher an der Nordsee, dort, wo die Weser noch genügend Tiefe hat, zu bauen. Das ganze Gebiet gehörte zum Königreich Hannover. Also trat er in Verhandlungen, um Land zu erwerben. Am 11. Januar 1827 bezahlte Bremen 73.658 Taler, 17 Groschen und 1 Pfennig für 88,7 Hektar Land dort, wo die Geeste in die Weser mündet. Eine Idee wurde Wirklichkeit, Bremerhaven war geboren. Bereits am 1. März 1830 war das erste Hafenbecken, der heutige Alte Hafen, fertig. Smidts Plan ging auf, die neue Stadt entwickelte sich rasch und der Bremer Handel wuchs. Die erste Dampfschiffslinie von Europa nach Amerika hatte ihren Sitz in Bremerhaven. Werften entstanden, die Fischerei blühte, auch für die Kriegsmarine war der Standort günstig. Die Passagierschifffahrt kam hinzu, noch heute legen (wieder) Kreuzfahrer in Bremerhaven an und ab. Die Auswandererwellen im neunzehnten Jahrhundert und in den sechziger Jahren liefen über die Bremerhavener Columbuskaje. Nach und nach verbanden sich alle Teile zur heutigen Stadt Bremerhaven.

Ende der 60er und in den 70er Jahren des letzten Jahrhunderts lebten fast 150.000 Menschen in der Stadt, fast alle verdienten ihren Lebensunterhalt bei den Werften, in der Fischerei und Fischverarbeitung, im Containerterminal und Überseehäfen sowie bei den amerikanischen Streitkräften. Seit dem Zweiten Weltkrieg war Bremerhaven der wichtigste Hafen der USA in Europa. Alle Arten Waren wurden hier verschifft. Zum Beispiel kamen im Jahre 1948 auf ganz normalen Frachtschiffen aus den USA 23.000 Kisten mit der Aufschrift „Türknäufe für Barcelona" an. Darin befanden sich allerdings keine Knäufe, sondern knapp sechs Milliarden D-Mark für die Währungsreform, in den USA gedruckt. Die Täuschung funktionierte, nichts wurde gestohlen, alles lief ordnungsgemäß. Auch die amerikanischen Soldaten betraten an der Columbuskaje europäischen Boden, darunter am 1. Oktober 1958 der GI Elvis Presley.

Das alles ist Vergangenheit. Die Konzentration auf Schifffahrt und Fischerei brachte Bremerhaven an den Rand des Ruins, als genau diese beiden Industriezweige deutschlandweit wegbrachen. Nach der deutsch-deutschen Wiedervereinigung verließen auch die Amerikaner die Stadt und nahmen unzählige Arbeitsplätze und ihre Kaufkraft mit. Die Arbeitslosigkeit betrug zeitweise über 20%. Menschen zogen scharenweise weg.

In einer gewaltigen Kraftanstrengung hat Bremerhaven begonnen sich zu verändern. So wurde zum Beispiel der Tourismus als neue Einnahmequelle entdeckt und gezielt gestärkt. Zahlreiche Highlights wurden gebaut, Gebäude renoviert, Cafés und Kneipen bildeten Szeneviertel, die Hochschule und das Alfred-Wegener-Institut genießen Weltruf. Bremerhaven hat den Weg zum Geheimtipp für Reisende aller Art erfolgreich gemeistert.

Die Stadtteile

Wer Bremerhaven sagt, meint als Tourist meistens den Stadtteil Mitte, als Im- und Exporteur die Hafenanlagen. Machen Sie also eine kurze Führung durch die Stadtviertel. Nach Bremerhaven kommt man eigentlich immer aus Süden. Nördlich gibt es nur noch beschauliche niedersächsische Dörfer und dann Cuxhaven dort, wo sich Weser und Elbe treffen. Das heißt, nach Osten zu ist nicht viel Land bis zur Elbe, und im Westen begrenzt die Weser die Stadt. Man kann sich in Bremerhaven im Prinzip nicht verirren! Es gibt zwei Hauptverkehrsadern, die beide südnördlich verlaufen, genau wie parallel die Bahngleise und die Autobahn A27. Alle anderen Straßen und Gassen sind mehr oder weniger rechtwinklig dazu. Eigentlich genau wie in Manhattan! Aber Bremerhavens Straßen tragen Namen, nicht Nummern.

WULSDORF

Wer aus Bremen kommt, betritt Bremerhaven im Stadtteil Wulsdorf. Wulsdorf ist das „letzte Dorf vor Amerika". So sagte man zu den Zeiten der Auswanderer im 19. Jahrhundert. Damals war Wulsdorf noch eigenständig, ein kleines Dorf mit einer über siebenhundert Jahre alten steinernen Kirche. Die reetgedeckten Häuser stehen noch heute darum, auch Störche haben hier ihre Heimat. Die Wulsdorfer sind ihren Vereinen in Liebe verbunden. Besonders zu nennen sind hier der Turn-und Sportverein Wulsdorf und der Wulsdorfer Schützenverein, beide im Jahr 1861 gegründet. So richtet der Wulsdorfer Schützenverein nicht nur alljährlich eines der letzten Schützenfeste der Stadt aus, das schon fast als Stadtteilfest bezeichnet werden kann, er entsendet auch regelmäßig Teilnehmer zu den Deutschen Meisterschaften, da hier nicht nur das Brauchtum gepflegt wird, sondern auch Sportschießen und Bogenschießen.

Auch die Dorfkneipen gibt es noch, wie zu Zeiten der Auswanderer. Die kamen aus ganz Deutschland, um im damaligen Bremerhaven ein Schiff nach Amerika zu nehmen. Ihre Geschichten werden im Deutschen Auswandererhaus, einem interaktiven Museum, beeindruckend nacherzählt, dazu später mehr. Damals hatte Bremerhaven aber zum Beispiel das Dorf Wulsdorf sich noch nicht einverleibt. Darum konnte man in den Kneipen hören: komm rin, trink noch ein Bier im letzten Dorf, durch das du in Deutschland kommst. Denn du besteigst das Schiff in einer Stadt, und verlässt es in Amerika. Hier ist also das letzte Dorf vor Amerika! Urige Dorfkneipen gibt es bis heute. Zum Beispiel im Dorfkrug haben Generationen Wulsdorfer schon ihre großen Familienfeiern veranstaltet, von Hochzeiten über Taufen und Abschlussfeiern bis hin zu Silbernen und Goldene Hochzeiten hat das Haus schon alles beherbergt. Seit langem schon wird es von Familie Hahne betrieben. Rainer hat erst Koch gelernt und dann einige Zeit auf der „Europa" gearbeitet und Erfahrungen gesammelt. Seine Fischplatten, mit einem frisch ge-zapften Steuermann Dunkel – einfach köstlich!

FISCHEREIHAFEN

Zu Wulsdorf gehört auch der Fischereihafen. Einst war es ein riesiges Areal, das vor Leben pulsierte. Hier gab es Schiffsausrüster, Eisfabriken, Fischver-arbeiter, riesige Markthallen und ein großes Schie-nennetz zum Abtransport der fertigen Kühlwaren ins gesamte Binnenland. Heute sind davon ein paar Hallen, große Eisfabriken und die Firmen frosta und Nordsee übrig. In den 1990er Jahren begann die Fi-schereihafen-Betriebsgesellschaft, die einige Jahr-zehnte lang eher wenig zu tun hatte, einen neuen Marktplatz rund um die ehemalige Fischpackhalle IV und ein Hafenbecken anzulegen. Daraus ist das „Schaufenster Fischereihafen" entstanden, eines der touristischen Highlights in Bremerhaven. Nicht nur für Fischfeinschmecker ein absolutes Muss. Hier rei-hen sich Restaurants, Hafenkneipen, Räuchereien und Geschäfte aneinander, man kann einen origina-len Seitenfänger, die „Gera", besichtigen, ins TiF, Theater im Fischereihafen, gehen und das

Seefischkochstudio besuchen. Besonders der Kutterfischer ist ein weithin bekannter Treffpunkt für leckeren frischen Fisch. Hausgemachte Bratkartoffeln und ein Bier, zum Beispiel ein Kräusen oder ein Steuermanns passen perfekt dazu. Die Aalräucherei Fiedler hat hier Produktion und Verkauf. Die Fische sind so frisch, sie sind fast noch lebendig! Kein Vergleich mit Räucherfisch im Binnenland. Auch die Phänomenta, das Nordsee Science Center, ist sehr empfehlenswert, und natürlich starten Hafenrundfahrten hier.

Wer mit besonderer Atmosphäre gut essen gehen möchte, dem sei auch die Alte Luneschleuse empfohlen, sie liegt wenige Kilometer südlich von Bremerhaven. Zum erstklassigen Essen gibt es immer ein herzliches Willkommen und Döntjes aller Art von der freundlichen Betreiberfamilie Golasowski.

GEESTEMÜNDE

Direkt nördlich an Wulsdorf schließt sich Geestemünde an. Hier stehen schon bis siebenstöckige Wohngebäude, es wirkt großstädtischer.

Dennoch gibt es auch hier den Bäcker nebenan, den samstäglichen Wochenmarkt, dessen guter Ruf bis weit ins Umland bekannt ist und viele kleine Läden. Man kennt seine Nachbarn und ist stolz auf „seinen" Stadtteil. Es gibt die kleine Marienkirche, deren Ursprünge bis ins dreizehnte Jahrhundert zurückreichen, und die aus roten Ziegeln neugotisch erbaute Christuskirche. Ihr Turm ist wie auch der Wasserturm am Neumarkt ein weithin sichtbares Wahrzeichen. Gleich gegenüber der Christuskirche liegt das City-Hotel.

Touristen können hier sehr gemütlich übernachten, egal ob im Hotelzimmer oder in Ferienwohnungen mit gut ausgestatteten Küchen. In jedem Fall ist das leckere reichhaltige Frühstück zu empfehlen. Zu Fuß, per Fahrrad oder Auto, aber auch mit dem öffentlichen Nahverkehr kommt man von hier schnell überall hin in Bremerhaven. Übrigens Stichwort öffentlicher Nahverkehr: das funktioniert gut in der Stadt, ein Auto ist nicht wirklich nötig. Alle Stadtteile werden regelmäßig versorgt, in den Außengebieten etwas seltener, in der Stadtmitte fahren die Busse alle paar Minuten. Der Hauptbahnhof befindet sich in diesem Stadtteil. Die Bahnstrecke führt nach Norden bis nach Cuxhaven, nach Süden nach Bremen und von da aus weiter. Eine Museumsbahn verbindet Bremerhaven mit Bad Bederkesa, etwa 17 Kilometer landeinwärts. Sie bietet Gelegenheit zu herrlichen Tagesausflügen. Ein wichtiger Treffpunkt zum Beispiel für junge Familien ist der Holzhafen. Das ist ein kleines altes Hafenbecken, das jetzt aber vom fließenden Wasser abgeschnitten ist. Bänke stehen unter uralten Trauerweiden und laden dazu ein, auf die Fontäne in der Mitte zu schauen. Gleich nebenan befindet sich der Yachthafen. Einige Nebenstraßen haben altes Kopfsteinpflaster. Es erstreckt sich auch fast ganz bis zum Anlegepunkt der Fähre Bremerhaven-Blexen.

Zwei Fähren, die „Bremerhaven" und die baugleiche „Nordenham", verkehren halbstündlich zwischen beiden Weserseiten. Fußgänger, mit und ohne Fahrrad, verbringen zwanzig Minuten damit, gemütlich die Skyline zu betrachten und dabei vielleicht eine Bockwurst mit Senf und Brot zu essen. An Bord schmeckt sie besonders gut! Autos, Wohnmobile und Gespanne können auch übersetzen. Urlauber aus Wilhelmshaven und Butjadingen auf der niedersächsischen Seite haben so eine wunderbare

Möglichkeit, ihren Ausflug nach Bremerhaven stilecht zu unternehmen. Der Fähranleger befindet sich knapp innerhalb der Mündung des kleinen Flüsschens Geeste in die Weser. Die Geeste bildet von Osten kommend die nördliche Begrenzung des Stadtteils, dem sie ihren Namen gegeben hat, Geestemünde. Außer der A27 führen drei Brücken über die Geeste. Ziemlich direkt an der Weser die Columbusstraße und weit im Osten die Stresemannstraße sind wichtige Hauptverkehrsstraßen. Auf Bremerhavens Landseite sind neuere Wohngegenden hinzugekommen, je größer die Stadt wurde. Von Süd nach Nord sind es Grünhöfe, Surheide und Schiffdorfer Damm vor der Geeste und Leherheide danach.

MITTE

An Geestemünde schließt sich Mitte an. Hier ist die Keimzelle, die Johann Smidt vom Königreich Hannover gekauft hat. Hier, auf dem Theodor-Heuss-Platz, den Einheimische aber nur Theaterplatz nennen, steht sein Denkmal. Hier schaut Johann Smidt auf die Weser. Hier beginnt die Bürgermeister-Smidt-

Straße (sie heißt im Volksmund allerdings nur Bürger) und führt bis weit nach Lehe. Ein paar hundert
Meter nach Norden flanieren, die Bürger ist nämlich
Bremerhavens Fußgängerzone und Einkaufsmeile,
und man steht vor der Bürgermeister-Smidt-Gedächtniskirche, gebaut 1853 bis 1855. Er würde sich
bestimmt wie zu Hause fühlen! Und er hätte wohl
auch Verständnis, dass dieser Name für eine Kirche
zu lang ist, übrigens der einzige Name eines weltli-
chen Bürgermeisters für eine Kirche in Deutschland.
Sie wird einfach Große Kirche genannt. Viele Jahr-
zehnte galt, dass kein Gebäude höher als ihr Kirch-
turm sein durfte. Mittlerweile wirkt sie zwischen all
den neueren Häusern, dem Columbus-Center und
dem Atlantic Hotel Sail City, fast schon mickrig. Die
Schönheit ihres durchbrochen gebauten Turms ist
aber nach wie vor beeindruckend. 2000 Gläubige
finden hier Platz, und die gute Akustik wird auch für
viele musikalische Events genutzt, in erster Linie natürlich vom hauseigenen Bach-Chor. Auch der See-
mannschor der Marinekameradschaft Bremerhaven
gibt regelmäßig Konzerte in der Großen Kirche. Das
schon erwähnte Columbus-Center ist ein in den siebziger Jahren erbauter Gebäudekomplex, mehrere

verbundene Hochhäuser mit 25 Stockwerken zwischen dem Alten Hafen und der Bürger, der Fußgängerzone. Im unteren Bereich sind viele Geschäfte und Restaurants angesiedelt, darüber befinden sich Eigentumswohnungen und Ferienwohnungen mit einem unvergleichlichen Blick auf die Weser.

Diese wetterunabhängige Ergänzung der Einkaufsmeile heißt einfach Obere Bürger. Da weiß jeder gleich, wo das sein muss. Die Eisdielen haben einen besonders guten Ruf, und auch die Teegeschäfte stehen denen im Bremer Schnoorviertel in nichts nach. Radio Bremen hat hier ein Regionalbüro. Mehrere Schwing- und Drehtüren führen ins Freie, nach Westen. Dort steht Christoph Columbus höchstselbst und blickt auf die Weser. Sein bronzener Mantel scheint im Wind zu schwingen.

Man braucht sich von hier aber beileibe nicht nach Amerika zu träumen, man kann einfach über eine offene oder wahlweise eine glasüberdachte Fußgängerbrücke die vielbefahrene Columbusstraße und das Alte Hafenbecken überqueren und schon ist man in den Havenwelten. Nein, das ist kein Schreibfehler, das ist das neue und erfolgreiche Tourismuskonzept. Lange Zeit stand auf dem Gelände bis zum Weserdeich nur das Gebäude des Deutschen Schifffahrtsmuseums. Und im Becken des Alten Hafens lagen gefühlt schon immer die Museumsschiffe, die alle besichtigt werden können. Zu Museen gibt es später gesammelte Informationen. Weiter Richtung Nordsee lagen die Tiergrotten, Bremerhavens kleiner und extrem feiner Zoo. Seit seiner Renovierung im Jahre 2004 heißt er Zoo am Meer. Ein unbedingtes Muss!

Haben Sie schon einmal einer Eiderente oder einem Humboldpinguin von unten beim Paddeln zugesehen? Oder eine Gruppe Seehunde unter Wasser beim Spielen beobachtet? Auch die Eisbären können Sie sowohl wie gewohnt in ihrem Gehege als auch durch große dicke Glasscheiben von unten betrachten. Viele der wasserlebenden und nordischen Tierarten sind durch die besonderen Fenster auf einzigartige Weise nahe am Besucher. Der Zoo am Meer, der kleinste öffentliche Zoo in Deutschland, ist barrierefrei und bietet ein wunderschönes Familienausflugsziel.

Zwischen diesen beiden lange bestehenden Attraktionen hat sich im Laufe der letzten Jahrzehnte eine Menge getan. Das sind die Havenwelten. An erster Stelle ist hier das Klimahaus „Acht Grad Ost" zu nennen. Von außen wirkt es mit seiner geschwungenen Form wie ein gerade angelandetes überdimensioniertes Schlauchboot, und im Innern stellt man sehr schnell fest, dass die veranschlagten drei, vier Stunden Besuchszeit wahrscheinlich bei Weitem nicht ausreichen. Seit 2009 kann man auf fast 20.000 Quadratmetern auf mehreren Ebenen einmal um unsere Erde reisen, und zwar tatsächlich ungefähr auf dem achten Längengrad östlich von Greenwich. Jährlich besuchen etwa 600.000 Menschen die neun Stationen. Der Weg führt durch die Schweiz, Italien, Niger und Kamerun in die Antarktis. Von dort geht es über Samoa, Alaska und die Hallig Langeneß wieder nach Bremerhaven zurück. Alle Räume und Hallen haben an den jeweiligen Ort angepasste Temperaturen und Luftfeuchtigkeit, zum Beispiel ist es in der Antarktisstation minus sechs Grad kalt (das ist ausreichend, damit es sich realistisch anfühlt), und in der nigerianischen Halle gehen die Besucher durch eine fünfunddreißig Grad heiße Wüstengegend. Überall werden den Menschen die örtlichen Gegebenheiten in Sachen Klima, Klimawandel, Probleme, Perspektiven und Chancen nahegebracht. Den Regenwald von Kamerun erlebt man bei Nacht, auf Samoa kann man sich einem Platzregen aussetzen, ohne nass zu werden. Interaktiv wird es im Bereich Chancen, wo Groß und Klein eigene Handlungsmöglichkeiten ausprobieren können. Die aktuelle Frage nach der Reduzierung des CO2- Ausstoßes im Alltag kann hier nicht erst jetzt bearbeitet werden, die ist von Anfang an Bestandteil der Thematik gewesen.

Im Jahr 2010 wurde neben dem Klimahaus das Mediterraneo eröffnet. Es ist eine liebevolle Konkurrenz zu den beiden Einkaufsmeilen Bürger und Obere Bürger und zur Alten Bürger weiter nördlich, wo sich Cafés und Szenekneipen abwechseln. Hier wurden kleine Läden, Geschäfte und Restaurants kreisförmig um eine italienische Piazza angeordnet, so dass man auch dann gemütlich shoppen kann, wenn die Schafe tatsächlich mal keine Locken mehr haben. Draußen Orkan, drinnen Cappuccino.

Man isst als Tourist in Bremerhaven selbstverständlich Fisch. Es gibt natürlich auch alle Arten Restaurants, für Steakfans genauso wie für Veganer. Wer aber erstklassigen frischen Fisch genießen möchte, kann das in Mitte am besten in einer kleinen

Parallelstrasse zur Bürger. Im Volksmund einfach nur Fisch Finger genannt, ist es eigentlich ein Hotel und Restaurant, geführt von Familie Finger. In den Fünfziger Jahren bekochten Ilse und Fritz Finger in der Theaterkantine nicht nur die Schauspieler und Besucher, sondern ganz Bremerhaven schwärmte alsbald von den Kochkünsten der Fingers. Vor allem für Fisch hatten sie ein besonderes Händchen. So ist es bis heute geblieben, die nachfolgende Generation bietet im Restaurant Am Theaterplatz, auch wenn es am Beginn einer Seitengasse liegt, immer noch genial zubereiteten Fisch und sonstige norddeutsche Spezialitäten. Labskaus ist auf jeden Fall ein Erlebnis! Wer das Gericht zum ersten Mal mit Spiegelei, roter Beete und sauren Gurken auf dem Teller angerichtet sieht, mag sich noch wundern und skeptisch dreinblicken. Nach dem ersten Bissen wandelt sich der Gesichtsausdruck in freudiges Strahlen und Genießen! So kann man gestärkt Bremerhaven weiter erkunden.

Das jüngste Gebäude in den Havenwelten ist ein Hotel, und zwar das Atlantic Hotel Sail City. Wer es zum ersten Mal erblickt, reibt sich vielleicht die Augen, denn die Form ist einem im Wind geblähten

Segel nachempfunden. Manche fühlen sich auch an die Kommandobrücke eines Riesenschiffs erinnert. Auf jeden Fall passt es hervorragend in die Havenwelten! Hervorragend ist auch wörtlich zu nehmen. Das Hotel hat eine Gesamthöhe von 147 Metern, und auf 86 Metern Höhe befindet sich eine öffentlich zugängliche Aussichtsplattform. Sie bietet einen wahrlich unvergleichlichen Blick auf Bremerhaven, den Strom, Nordenham und Blexen auf der gegenüberliegenden Seite, den Schiffsverkehr auf dem Fluss, das Umland, wie sich die kleine Geeste durch die Wiesen schlängelt und und und.

Vor dem Bau des Sail City war das nur im Bremerhavener Radarturm am Geesteufer möglich. Eigentlich ist er ein Richtfunkturm und trägt zahlreiche Sende- und Empfangsanlagen, in der Hauptsache für Seefunkzwecke. In 59 Metern Höhe ist ein verglaster Besucherraum, der seit 1965 ebenfalls wunderbare Ausblicke ermöglicht. Hier ist auch der sogenannte Tonnenhof, auf dem alle Arten und Größen von Baken und Bojen lagern. 1975 wurde in dieser Gegend die Hochschule Bremerhaven eröffnet. Ungefähr 3.000 Studenten stehen 22 Bachelor- und Masterstudiengänge zur Auswahl, darunter Energie-

und Meerestechnik, Logistik, Biotechnologie und Schiffsbetriebstechnik, aber auch Kreuzfahrtmanagement und Digitale Medienproduktion. Genauso genießen Maritime Technologien, Windenergietechnik und Nachhaltige Energie- und Umwelttechnologien einen sehr guten Ruf. Als 1980 im Zuge des deutschen Beitritts zum weltweiten Antarktisvertrag das Alfred-Wegener-Institut gegründet wurde, lag es nahe, auch dieses in der Nähe anzusiedeln. Es ist nach dem deutschen Polarforscher und Geologen Alfred Wegener benannt, der als Erster die Theorie der Plattentektonik entwickelte. Das Institut beschäftigt sich in der Hauptsache mit der Erkundung der Polarregionen, mit Klimaforschung und mit Meeresbiologie und -geologie. Rund 1000 Menschen arbeiten und forschen auf höchstem Niveau. Das erste Gebäude, das schon nach weniger als zwanzig Jahren aus allen Nähten platzte, ist einem Überseedampfer nachempfunden. Mittlerweile gibt es weitere Standorte an der Fischereihafenschleuse, am Handelshafen und auf Helgoland.

Das Wahrzeichen, das den Bremerhavenern vielleicht am meisten am Herzen lag, war seit 1972 die Seute Deern, ein Viermast-Gaffelschoner von

1919. Sie war das Gründungsgeschenk der Stadt Bremerhaven an das Deutsche Schifffahrtsmuseum. Seither lag sie ständig fest im Alten Hafen, dem Museumshafen. Sie war Restaurant- und Trauungsschiff, und viele Bremerhavener haben dort Familienfeste feierlich begangen. Am 31. August 2019 sank sie aufgrund eines Feuers an Bord. Es ist nicht klar, ob sie wiederhergerichtet werden kann.

An das Alte Hafenbecken schließt sich natürlich der Neue Hafen an, in Richtung Norden. Hier ist seit 2005 das Deutsche Auswandererhaus zu finden, das erste Museum in Deutschland, das sich mit dem Thema Migration beschäftigte. In Bremerhaven ist es historisch gesehen richtig platziert, denn zwischen 1830 und 1974 war hier der größte Auswandererhafen Kontinentaleuropas. Hierzu später mehr.

Der Neue Hafen ist Ausgangspunkt für die Hafenrundfahrten. Es gibt verschiedene Touren mit unterschiedlichen Schwerpunkten. Alle Binnenländer sind aber besonders beeindruckt von der sogenannten Dicke-Pötte-Tour. Sie dauert etwa zwei Stunden, man fährt auf dem Fahrgastschiff MS Geestemünde, und sie beginnt mit der Ausschleusung aus dem

Neuen Hafen auf die Weser hinaus. Bis zu 100 Passagiere können mitfahren, oben an Deck oder im Innenraum, wo auch Kaffee, Bockwurst oder Suppe verzehrt werden können. Über Lautsprecher bekommen alle die Informationen, wo man gerade vorbeifährt, sei es der Anleger für Tagestouren nach Helgoland, der Zoo am Meer von der Wasserseite aus betrachtet, ein Leuchtturm oder die Kaiserschleuse, die einen Zugang zum Hafengebiet bildet. Auf der gegenüberliegenden Seite ziehen Nordenham und das Butjadinger Land vorbei, sehr häufig liegen die Seehunde auf den Sandbänken und lassen sich die Sonne auf den Bauch scheinen. Sie kennen die Schiffe und sehen sie nicht als Bedrohung. Dann kommt das Highlight in Sicht: die Stromkaje. Sie ist fast fünf Kilometer lang, und sie ist somit die längste zusammenhängende Kaje in Europa, an der Schiffe anlegen können, ohne erst durch eine Schleuse zu müssen. Jetzt wird der Name der Tour klar: Dicke Pötte liegen hier!

Containerschiffe haben gigantische Ausmaße. Lange Zeit waren sie höchstens 275 Meter lang und 32 Meter breit, damit sie durch den Panamakanal passten. Seit ca. 1988 gibt es Panamax- Schiffe, die größer sind, danach kamen Post-Panamax, Super-Post-Panamax und die größten Schiffe heute heißen New Panamax. Die Größe kann in Länge und Breite ausgedrückt werden und auch in Fassungsvermögen. Die 275-Meter-Schiffe können bis maximal 4400 TEUs, das sind kleine Standardcontainer, befördern. Zu TEU und FEU später mehr. Die Schiffe wurden länger und breiter, die Kapazität stieg. Beispielsweise um 2008 wurden Schiffe in Dienst gestellt, die 366 Meter lang und 51 Meter breit sind. Sie können schon rund 14.000 TEUs transportieren. Und ab 2012 werden Containerschiffe gebaut, die 400 Meter lang und bis zu 61 Meter breit sind. Sie fassen bis zu 23.000 kleine Container! Sie sind derart teuer, dass es sich für die Reedereien nur rechnet, wenn die Schiffe tatsächlich immer ausgelastet fahren. Sie können auch längst nicht mehr in allen Häfen anlegen. Bremerhaven ist da sehr gut aufgestellt, hier können Schiffe bis zu einem Tiefgang von etwa 14 Metern be- und entladen werden. Die Passagiere fahren an diesen Kolossen auf der MS Geestemünde entlang, sie hat eine Länge von gerade mal dreißig Metern. Mit etwas Glück sieht man einen der Riesen ankommen oder ablegen, dann sind die Schlepper aktiv. Die Arbeitstiere im Hafen haben bis zu 11.000 PS und ziehen und schieben zu dritt oder viert die viel größeren Containerschiffe punktgenau an den zugewiesenen Liegeplatz. Das ist schon ein Erlebnis! Man kann es abrunden mit einer Hafenrundfahrt mit dem Bus, um alles von Land aus noch einmal zu erleben.

LEHE

Wer weiter nach Norden spaziert, kommt nach Lehe. Es ist nicht der älteste Stadtteil, er sieht aber heute so aus, denn Lehe war von dem Bombardement der Britischen Royal Air Force im Zweiten Weltkrieg am wenigsten in Mitleidenschaft gezogen. 1941 wurde der Hafen erstmalig angegriffen. Das Jahr 1944 war das schlimmste für Bremerhaven, das damals noch nicht so hieß, sondern Wesermünde. Im Februar fielen etwa 350 Spreng- und Phosphorbomben, im Juni noch einmal über 1000. Aber der 18. September 1944 übertraf alles. Innerhalb von nur zwanzig Minuten lag die Stadt in Schutt und Asche. Wesermünde-Mitte war zu 97% zerstört, Geestemünde zu 75%, und Lehe zu 12%. Das bedeutet für die

Bewohner und Touristen heute, dass Mitte und Geestemünde nach dem Krieg wiederaufgebaut wurden, nach dem damaligen Geschmack und Architekturverständnis. Außer der Bürgermeister-Smidt-Gedächtniskirche in Mitte war fast nichts Altes mehr vorhanden. Lehe hingegen bietet bis heute ein anderes Bild.

Hier blieben mehr als 80% der Häuserzeilen vom Anfang des 20. Jahrhunderts stehen, auch aus der Gründerzeit sind Häuser erhalten. Einige von ihnen sind wunderschön. Ihnen haftet ein ganz besonderes Flair an. Stuckfassaden harmonieren sehr schön mit Alleebäumen. Aber leider sind die wenigsten Häuser noch in einem sehr guten Zustand. Als ab den 1980er Jahren immer mehr Menschen Bremerhaven und auch Lehe verließen, kauften Immobilienspekulanten viele der alten Gebäude. Biegt man also aus einer gepflegten Allee um die Ecke, kann es passieren, dass man die anderen Häuser sieht. Die anderen Häuser, die ohne Charme, die aber von Menschen bewohnt werden, denen ihr Quartier am Herzen liegt. In Lehe in unmittelbarer Nähe zu den Häfen findet man auch Bremerhavens Rotlichtviertel. Jede Hafenstadt hat schließlich so etwas! In

Hamburg heißt es Reeperbahn, hier ist es die Lessingstraße, in der Damen in den Fenstern sitzen.

Lehe kann von sich sagen, dass viele Berühmtheiten hier geboren wurden. Sogar ein Nobelpreisträger stammt von hier, nämlich der Chemiker Adolf Butenandt. Aber die bekannteste Leherin ist auf jeden Fall Lale Andersen. 1939 sang sie „Lili Marleen", das bittersüße Soldatenlied. Auf beiden Seiten der Fronten im Zweiten Weltkrieg war es das letzte Lied vor Sendeschluss im Frontradio, jeden Abend. Sie ist bei den Bremerhavenern immer noch so sehr Teil der Seele der Stadt, dass die 2014 im Zoo am Meer geborene kleine Eisbärin Lale getauft wurde, sie lebt mittlerweile im Zoo in Emmen, und als 2016 wieder ein Mädchen bei den Eisbären einen Namen brauchte, wurde sie Lili genannt. Sie lebt heute bei ihrer Schwester Lale in Emmen.

Ein weiterer wichtiger Leher Bürger ist Karl Lorenzen. Sie kennen ihn noch nicht? In den Kreisen der Spirituosenliebhaber hat sein Name ausnehmend guten Klang. Seit 1949 betreibt die Familie Lorenzen eine Wein- und Spirituosenhandlung. Karl, der Gründer, entwickelte aus geheim gehaltenen Beeren und dem Wurzelwerk heimischer Kräuter einen ganz besonderen Halbbitter. Der Altleher Hahnentritt ist das Alleinstellungsmerkmal dieses ersten Spirituosenhauses am Platze. Mittlerweile ist die dritte Generation in der Verantwortung und bietet ein ansprechendes Ambiente fürs Staunen, Stöbern und Probieren. So leben Neues und Altes in Lehe gut zusammen. Das Historische Museum Bremerhaven hat seinen Ursprung in der Sammlung der sogenannten Männer vom Morgenstern, die schon 1906 das Morgensternmuseum in der Leher Hafenstraße eröffneten. In Lehe waren die meisten amerikanischen Soldaten und ihre Familien zuhause. Noch heute leben hier viele Nationalitäten miteinander.

HÄFEN

In Lehe beginnen die Hafenanlagen, die, die Besucher aus dem Binnenland mit dem Wort Hafen verbinden. Es gibt in Bremerhaven viele einzelne Häfen. Sie liegen in den Stadtteilen Wulsdorf, Geestemünde, Mitte und Lehe. Sie sind zu unterschiedlichen Zeiten entstanden und das ist der Grund, weshalb die beiden ältesten Hafenbecken, der alte Hafen und der neue Hafen, in Mitte zur Stadt

Bremerhaven gehören, alle anderen aber nicht. Der Fischereihafen in Wulsdorf wird verwaltet vom Land Bremen, und alle anderen Häfen gehören zur Stadt Bremen. Wer bei der Zollstation Rotersand den Hafen betritt, befindet sich somit auf bremischem Stadtgebiet. Hier ist Zollfreigebiet. Die so genannten Überseehäfen setzen sich zusammen aus Container-Terminal, Auto- Terminal, Ro-Ro-Anlagen, Frucht-Terminal, Stückgut-Terminal und Kreuzfahrt- Terminal Columbuskaje. Sie haben eine Größe von fast 8 Millionen Quadratmetern.

Allein 2 Millionen Quadratmeter entfallen auf das Auto-Terminal. Das, was heute riesige Parkflächen sind, wurde früher vom amerikanischen Militär genutzt. Heute werden jährlich weit über 1,3 Millionen Autos umgeschlagen, Nobelkarossen von BMW und Daimler-Benz werden exportiert und vor allem japanische und koreanische Marken werden über Bremerhaven nach Europa importiert. Dieser Bereich wächst kontinuierlich. Gefühlt Kilometer lang fahren Besucher an Parkplätzen und Spezialparkhäusern entlang.

Dicht an dicht stehen hier Autos, Geländewagen, Luxuskarossen, LKW's und vieles mehr. Sie werden von Autotransportern über die Weltmeere befördert. Wer zum ersten Mal einen Autotransporter sieht, glaubt nicht, dass er gerade ein Schiff sieht. Ein Autotransporter ist eine spezielle Art eines Ro-Ro-Schiffes. Ro-Ro heißt roll on-roll off. Autotransporter sehen eher aus wie hässliche riesige Schuhkartons. Sie haben eine besonders gerade klobige Form .Sie sind einzig darauf ausgerichtet, möglichst viele Autos auf einmal transportieren zu können. Sie haben daher zum Beispiel sehr niedrige Decks, nicht viel höher als Pkw Höhe, um keinen Platz zu verschenken. Mit zwei Öffnungen beziehungsweise Rampen wird ein schnelles Beladen und Entladen sichergestellt. Das ist eine sehr personalintensive Arbeit, jedes einzelne Fahrzeug wird mit eigener Kraft von oder an Bord gefahren. Die Zeiten der bis zu sechzig Fahrer pro Schicht sind Sekunden genau getaktet, und jeder weiß genau, wo das nächste Auto für ihn steht. Das ist bei 8.500 Autos Ladekapazität auch sehr nötig, da Zeit das kostbarste im Hafen ist. Nur schwimmende Schiffe bringen Geld ein, so dass die Liegezeit im Hafen auf ein Minimum beschränkt wird. Es mag früher einmal Seefahrer-Romantik gegeben haben, aber diese

Zeiten sind sehr lange vorbei. Wer als Tourist also an parkenden Autos vorbei fährt und plötzlich vor sich eine senkrechte Blechwand erblickt, hat wahrscheinlich einen Autotransporter vor sich.

Im Fruchtterminal landen Kühlschiffe Obst zum Beispiel aus Südafrika an. Von Bremerhaven aus wird der gesamte Nord- und Osteuropäische Raum beliefert. Pro Jahr beläuft sich allein die Menge an Bananen auf mehr als 300.000 Tonnen. Viele Schüler und Studenten haben hier in den Ferien gejobbt und ihr Taschengeld aufgebessert. Auch über die berüchtigte Bananenspinne gibt es in Bremerhaven viele Anekdoten. Immer mal wieder tauchte eine auf. Früher war es für die Spinnen einfacher, lebend den Ozean zu überqueren. Damals hielten nur dampfbetriebene Ventilatoren die Ware frisch und kalt. Heutzutage herrscht auf den Kühlschiffen eine so genannte kontrollierte Atmosphäre. Das bedeutet, Sauerstoffgehalt und Kohlendioxidgehalt der Atmosphäre kann kontrolliert und gesteuert werden. Die Bananen bleiben auf diese Weise so grün, wie sie geerntet wurden und die Krabbeltiere haben keine Chance mehr, in die Läden in Deutschland zu gelangen.

Das Kreuzfahrtterminal heißt heute Columbus Cruise Center. Kolumbus war schon Namensgeber der Kaje, von wo aus alle Auswanderer Deutschland verließen. Übrigens gibt es nur in Bremerhaven und Wilhelmshaven den Namen Kaje. Überall sonst in deutschen Häfen gibt es Kais. Auch mitten in Europa findet man sie, Quai d´Orsay in Paris, Limmatquai in Zürich oder Franz-Josefs-Kai in Wien. Hier ganz im Norden hat die holländische Sprache Einfluss genommen und das Wort Kaje hat sich eingebürgert. Anfang des 20. Jahrhunderts legten hier die Schnelldampfer des Norddeutschen Lloyds ab. Damals gab es als Preis für die schnellste Atlantiküberquerung das so genannte Blaue Band. Es gab jedes Mal großen Jubel in Bremerhaven, wenn wieder eines der Schiffe diesen Preis gewann. Die Columbuskaje war aber auch oft ein Ort der Tränen, wenn die Auswanderer nicht recht wussten, ob sie hoffen oder bangen sollten. Heute gibt es nur mehr lachende Gesichter und winkende Taschentücher, wenn wieder ein Kreuzfahrtschiff die Leinen los macht und in See sticht. Regelmäßig ist Bremerhaven Ziel und Ankunftspunkt für Kreuzfahrten, etwa sechzig pro Jahr, vor allem in die norwegischen

Fjorde und ins Nordmeer. Falls Sie aus dem Binnenland kommen und Ihnen die Worte Leinen losmachen beziehungsweise festmachen komisch vorkommen:

Das heißt tatsächlich so. Festmacher ist im Hafen eine ganz normale Berufsbezeichnung. Diese Männer leisten schwere Arbeit mit den armdicken Tauen und Trossen. Zuerst werden vom Land zum Schiff oder andersrum leichte Leinen geworfen. An ihnen sind dickere Taue befestigt und werden von den Männern herangezogen. An denen hängen wiederum die richtig dicken und schweren. Schließlich werden die Schlaufen vorne und hinten über eiserne Poller gelegt und halten das Schiff im Zusammenspiel mit Strömung und Ebbe oder Flut an Ort und Stelle. Das hört sich schon anstrengend an, nicht wahr? Stellen Sie sich jetzt noch einen Regenguss vor, der die Trossen noch zusätzlich durchnässt und schwerer macht, eventuell noch einen Wind, der den Schafen die Locken aus dem Fell kämmt.

So gibt es seit Hunderten von Jahren die Festmacher in allen Häfen der Welt. Neue Berufe sind hinzugekommen, vor allem im Containerterminal. Dazu kann man sich erst überlegen, wie sich die

Containerschifffahrt eigentlich entwickelt hat. Früher haben Schiffe alle Arten Fracht transportiert. Ballen, Fässer, Kisten, Tiere und so weiter und so fort. Das alles ließ sich nur schwer verstauen und sichern. Um dieses Problem zu lösen, wurden bereits im 18. Jahrhundert im British Empire hölzerne Umverpackungskisten eingesetzt. Sie ermöglichen eine bessere Sicherung auf Schiffen und ein einfacheres Umladen auf Güterzüge. Aber sie waren alle unterschiedlich. Jedes Land entwickelte seine eigenen Arten von Kisten und Containern. Erst im Jahre 1956 verschifften die Amerikaner 56 standardisierte Container aus Stahl, für die im Jahre 1961 international gültige Normen festgelegt wurden. Sie gelten bis heute.

Die gebräuchlichen Größen sind heute sogenannte TEUs und FEUs, zwanzig -Fuß -Äquivalent - Units und vierzig -Fuß -Äquivalent-Units. Sie messen 2,40 Meter mal 2,36 Meter mal ca. 6 Meter beziehungsweise mal ca. 12 Meter. Das sind schon eindrucksvolle Kisten. Im Bremerhavener Container-Terminal stehen sie Reihe an Reihe an Reihe und bis zu vier aufeinander und warten darauf, aufs Schiff verladen zu werden. Die beiden beeindruckendsten

Berufe, die sich im Zuge dessen entwickelt haben, sind wahrscheinlich Vancarrierfahrer und Brückenfahrer. Vancarrier heißen auf Deutsch Portalhubwagen. Sie haben meist acht Räder, auf jeder Seite vier. An dem Rahmen mit den Rädern sind an den vier Ecken Stahlträger, dann oben wiederum ein Rahmen mit Hubvorrichtung. Auch das Fahrerhaus ist oben. Der Vancarrier fährt über den Container, Stahlseile rasten in den vier oberen Ecken des Containers ein, und er wird angehoben. Nun hängt er sicher zwischen den Stahlträgern und wird zum Schiff gebracht und wieder abgesetzt. So weit, so gut. Ein Container ist 2,40 Meter hoch.

Also muss das Fahrzeug erheblich höher sein, um den Container anheben zu können. Es wäre aber ziemliche Platzverschwendung, wenn Container nur nebeneinander stehen würden! Man kann sie stapeln. Und das bedeutet, dass der größte Vancarriertyp knapp sechzehn Meter hoch ist! Die Behälter der obersten Reihen müssen ja auch verladen werden können. Die Fahrerkabine ist trotzdem immer noch oben. Die Männer würden es also nicht bemerken können, falls unter ihrem Gefährt andere Autos oder gar Menschen wären. Aus diesem Grund ist es streng verboten, sich auf dem Hafengelände unbefugt aufzuhalten. Für Besucher gibt es die Hafenrundfahrten mit dem Bus, die man gut in Verbindung mit einer Dicke-Pötte-Tour auf der Weser durchführen kann. Wenn der Vancarrierfahrer den Container neben dem Schiff an einem genau festgelegten Platz abgestellt hat, übernimmt der Brückenfahrer.

Eine Containerbrücke ist eigentlich ein besonderer Kran. Auch bei ihm rasten Stahlketten in den vier Ecken des Containers ein, so dass er in die Höhe gehoben werden kann und gleichzeitig wird er schon nach vorne gefahren bis über das dort liegende Schiff. Punktgenau wird er herabgelassen, abgehängt und festgemacht. Die Hubvorrichtung der Brücke ist derweil längst wieder auf dem Weg nach oben und an Land zurück, um den nächsten Behälter zu holen. Pro Stunde können dreißig Container be- oder entladen werden.

Diese Kräne haben riesige Ausmaße. Sie müssen lang genug sein, um die letzte vom Land abgewandte Lage Container zu erreichen. Die neuesten Schiffe haben bis zu vierundzwanzig Reihen nebeneinander. Und die Höhe des Auslegers muss oberhalb der höchsten Lage sein. Nachdem die Laderäume gefüllt sind, haben bis zu neun Lagen an Deck Platz. Am Land stehen die Brücken auf Schienen, weil die Schiffe unbeweglich festgemacht sind und die Kräne also passend für die nächste Reihe weiterfahren. Brückenfahrer zu sein erfordert zum Beispiel Schwindelfreiheit, der Arbeitsplatz ist in vierzig Metern Höhe. Und man braucht enorme Konzentration, eine Schicht dauert deshalb hier „nur" drei Stunden. Dann ist eine Pause zwingend nötig.

Falls Besucher mal eine Pause einlegen möchten, empfiehlt sich die „Letzte Kneipe vor New York „. Das ist ein uriges Restaurant und Seemannskneipe, das eigentlich schlicht Treffpunkt Kaiserhafen hieß. In den Vierzigern des letzten Jahrhunderts wurde hier ein Aufenthaltsraum und Pausenraum für Hafenarbeiter errichtet, denn Sozialräume oder gar Kantinen gab es in den Betrieben im Hafen noch nicht. Seit damals haben sich allerlei Gedöns und maritime Dinge angesammelt und bilden eine fantastische Einheit. Der Raum, übrigens mit einer der längsten Theken Bremerhavens, hat dadurch ein ganz eigenes Flair. Natürlich gibt es Fisch in allen Variationen, fangfrisch und abwechslungsreich. Besonders zu empfehlen ist die Bouillabaisse.

Nun haben Sie einen ersten Überblick über Bremerhavens Stadtteile. Nördlich liegt noch das kleine Dorf Weddewarden, direkt hinterm Deich. Hier gibt es wirklich viele Schafe und es ist herrlich ruhig. Vor noch gar nicht allzu langer Zeit konnte man hier Röhrkohl sammeln. Das ist eine Art Gras oder Binsen, die außerhalb der Deiche wächst, wo sie von Zeit zu Zeit mit salzigem Wasser in Kontakt kommt. Es ist schon etwas mühsam, Halm für Halm zu ernten, aber, wie Grünkohl zubereitet, schmeckt es unvergleichlich! Mittlerweile steht Röhrkohl, eigentlich Strand-Dreizack, auf der Roten Liste selten gewordener Arten.

Museen und Kultur

DEUTSCHES SCHIFFAHRTSMUSEUM

Auch wenn es ähnliche Museen in anderen Städten gibt, so ist das Bremerhavener das Nationale Deutsche Schifffahrtsmuseum. Es gehört zur Leibniz-Gemeinschaft, das heißt, hier findet Ausstellung und Forschung statt.

Das berühmteste Ausstellungsstück ist sicherlich die sogenannte Hansekogge. Im Jahr 1962 fanden Arbeiter beim Ausbaggern im Bremer Hafen ein Wrack aus Holz. Über 2000 Einzelteile wurden sorgfältig geborgen und katalogisiert. Sie wurden in Wasser gelagert, um dem Trocknen und Schrumpfen vorzubeugen. In Bremerhaven wurde derweil eigens für die Kogge, sie war mittlerweile auf das Jahr 1380 datiert, eine Koggehalle gebaut. Eine Gebäudefront bestand aus Fenstern. Dort wurden die Teile erst so gut wie möglich zusammengesetzt. Die Steuerbordseite ist fast vollständig erhalten, die Backbordseite nur zu einem Drittel. Dann wurde die Kogge in einem 800.000 Liter fassenden Tank in einem Wasser-Polyethylenglykol-Gemisch achtzehn Jahre lang gelagert. Die Menschen konnten sie während dieser Zeit von außen durch die Fenster erahnen. Seit Mai 2000 ist sie das Prunkstück des Museums. Sie entzündete jedoch die Fantasie der Menschen in einem Maße, das sich ein Verein Hanse-Koggewerft gründete.

Von 1988 bis 1990 wurde ein originalgetreuer Nachbau angefertigt, die Ubena von Bremen. Auch sie ist ein großer Publikumsliebling und sie ist jährlich etwa 4000 bis 4500 Seemeilen auf Fahrt. Im Museum gibt es Ausstellungsstücke zu verschiedenen Themen, zum Beispiel Handelsschifffahrt, Walfang und Fischerei, Polarschiffe und Militär aus verschiedenen Epochen. Anhand von Modellen und Ausrüstungsgegenständen können die Besucher sich gut in die Thematik einfühlen. Sonderausstellungen gibt es zum Beispiel zum Thema MS Polarstern, das berühmte Forschungsschiff des Alfred-Wegener-Instituts. Direkt außerhalb des Museumsgebäudes, es steht selbst auch unter Denkmalschutz, befindet sich der Alte oder Museumshafen.

Hier liegen mehrere begehbare Schiffe, die Rau Neun, ein Walfänger, der Haffkahn Emma, der Hochseeschlepper Seefalke, der Binnenschlepper Helmut und das Feuerschiff Elbe Drei. Auch das U-Boot Wilhelm Bauer befindet sich hier, es ist aber ein eigenständiges Technikmuseum. Ein Besuch lohnt sich! Die Enge der Räumlichkeiten zu erleben ist schon sehr beeindruckend. Sie merken, falls Sie nur ein Stündchen Zeit haben, reicht das bei Weitem nicht für das Schifffahrtsmuseum. Ein Stündchen könnte man wunderbar am Deich genießen, zwanzig Schritte neben dem Museum. Einfach eine Bank, ein paar Sonnenstrahlen, das Plätschern der Weser und Möwengeschrei... So kann die Seele einfach mal baumeln.

DEUTSCHES AUSWANDERERHAUS

Dieses interaktive Museum wirbt selbst mit dem Slogan: Eine spannende Zeitreise für kleine Weltenbummler und große Geschichtsfreunde. Seit 2007 ist es „European museum of the year". Das ist eine seltene Auszeichnung. Das Konzept ist aber auch wirklich einzigartig. Man kann viele Dinge und Tatsachen zum Beispiel auf großen Tafeln lesen oder auch mit einem Audioguide anhören. Das Deutsche Auswandererhaus hat das auch, geht aber einen völlig anderen Weg, die Besucher in das Thema hinein zu ziehen. Man geht den Rundgang entlang, beginnt im Wartesaal, dann an der Kaje, im Schiffsinneren unter Deck, kommt in den USA auf Ellis Island an und sieht sich mit den Schwierigkeiten der Einreise konfrontiert. Und zwar geht man quasi an der Seite einer einzigen „realen" Person. Das macht das Thema sehr intensiv erlebbar. Auch und gerade Kinder sind von dieser Art Museum begeistert und lassen sich voll darauf ein, denn sie begleiten natürlich ein auswanderndes Kind auf dessen Weg. Kinder- und Familienführungen gehen liebevoll auf die kleinen Gäste ein.

Sie bekommen tatsächlich einen kleinen Koffer in die Hand und tragen ihn den Weg entlang. Fragen und Zweifel, aber auch Neugierde, Vorfreude und Begeisterung nehmen die Besucher ein, und so kann das Thema buchstäblich erlebt statt gelesen und angeschaut werden. Bedenken wandeln sich in Neugier.Es gibt auch einen Kinosaal mit bewegenden Kurzfilmen, eine Ladenpassage und Geschäfte aus den Sechziger und Siebziger Jahren, um das Gefühl abzurunden. Wer Interesse hat und wessen Verwandten vielleicht tatsächlich ausgewandert sind, kann im Raum für Familienrecherche in zwei Onlinedatenbanken echte Informationen suchen, und die Angestellten stehen jederzeit mit Rat und Tat zur Seite.

HISTORISCHES MUSEUM
BREMERHAVEN

Seit 1991 steht das 100 Meter lange Gebäude mit fünf markanten Spitzgiebeln am südlichen Ufer der Geeste, an der Stelle, an der früher Fischhallen mit ebensolchen Giebeln standen. Die Ursprünge der Sammlung stammen aus dem neunzehnten Jahrhundert. Die sogenannten Männer vom Morgenstern, ein Heimatbund von Weser- und Elbemündung, trugen allerlei archäologische und volkskundliche Dinge zusammen, die das Leben der Menschen früher beleuchteten. Sie wurden seit 1896 in Lehe ausgestellt, aber weil sich die Sammlung rasch vergrößerte, zog das Museum nach Geestemünde um. Im Zweiten Weltkrieg wurden die Exponate ausgelagert, dann zurückgeholt, an wechselnden Orten in Geestemünde ausgestellt, bis endlich 1991 das neue Gebäude extra für diese Thematik eröffnet werden konnte. Die Stadt- und Regionalgeschichte hat hier einen vorzüglichen Rahmen bekommen.

Auch wenn es im Jahr 2000 mit der Auszeichnung zum Europäischen Museum des Jahres nicht geklappt hat, ist es bereits ein großer Erfolg, nominiert worden zu sein. Seit 2004 lautet der offizielle

Name Historisches Museum Bremerhaven, bis dahin war der Name Morgenstern-Museum weithin bekannt. Wenn Sie einen Einheimischen nach dem Weg zum Historischen Museum fragen wollen, könnte es sein, dass er zurückfragt: Äh, möchtest Du zum Morgenstern-Museum? Sagen Sie einfach ja! Es ist nicht zu verfehlen. Es schmiegt sich genial an den Geestebogen kurz vor der Mündung in der Weser und befindet sich zwischen den beiden Brücken über das Flüsschen, die Geestemünde mit Mitte verbinden. Richtung Weser liegt die Kennedybrücke, über die die Columbusstraße führt. Das ist eine der vielbefahrenen Hauptschlagadern der Stadt.

Sie wurde 1960/61 gebaut, und zwar nicht nur als sechsspurige Brücke, sondern genauso wichtig als Sturmflutsperrwerk. Unterhalb der Brücke befinden sich zwei Stemmtorpaare, die bei drohenden Hochwassern geschlossen werden können. Sobald die Schafe keine Locken mehr haben und der Wind aus Nordwesten kommt, kann das Wasser in die Häfen, aber auch in die Geeste gedrückt werden. Die Stadt würde dann quasi auch von hinten überschwemmt. Die Brücke wurde am 27. September 1961 fertiggestellt und eingeweiht. Gott sei Dank, sagten die Bremerhavener kaum fünf Monate später aus ganzem Herzen. Am 16. Februar 1962 wurde die deutsche Nordseeküste von einer sehr schweren Sturmflut heimgesucht. In Hamburg starben über 300 Menschen, in Bremerhaven keiner. Ohne die Deiche und das Sperrwerk hätten 80% Bremerhavens unter Wasser gestanden, zum Teil bis 2,85 Meter hoch. Ohne die Deiche und das Sperrwerk hätten viele Menschen ihr Leben verloren. Blickt man vom Historischen Museum nach rechts, geesteaufwärts, sieht man die Alte Geestebrücke in ihrer ganzen Schönheit. Sie wurden bereits 1904 errichtet und zwar ist sie eine Fachwerkbrücke mit aufgelöstem Tragwerk aus Stahl. Ihre Aufbauten sind grün und sie wirkt zierlich. Alle möglichen Fahrzeuge haben sie in ihrer langen Geschichte überquert, angefangen von Pferdedroschken über Straßenbahnen und Busse bis zu heutigem Verkehr. Beide Brücken können geöffnet werden, um Schiffen die Durchfahrt zu ermöglichen.

EXPEDITION NORDMEERE

Im Schaufenster Fischereihafen finden interessierte Besucher auf 800 Quadratmetern eine vorzügliche moderne Erlebnisausstellung vor. Am Eingang bekommt man ein Tablet als fiktives digitales Logbuch und geht an der Seite des elektronischen Theo Gadus durch verschiedene Themenwelten. Kinder werden von Kalle Klabautermann an die Hand genommen und geführt.Fischerei damals und heute ist die erste Station und nimmt auf den Standort Bezug. Die Entwicklung der Fischerei, die Geschichte des Ortes und Fischverarbeitung wird anschaulich erläutert. An Deck eines Forschungsschiffes kann man sich in die immer noch harte Arbeit einfühlen und interaktiv können große und kleine Forscher selbst ein Fangnetz an Bord hieven und kontrollieren, ob der Fang die Mindestgrösse erreicht, ob die Bestände überfischt sind oder ob alles in Ordnung ist. Danach werden die Geheimnisse der Unterwasserwelt der Nordmeere enthüllt. Alle möglichen Meeresbewohner präsentieren sich in ihren Lebensräumen. Die Tiefsee bildet ein eigenes Themenfeld. Ab 800 Metern Tiefe ist der Ozean völlig lichtlos. Die einzigen Lichtpunkte, an denen unsere Augen sich orientieren können, sind Biolumineszenzen, Leuchtfische, Anglerfische, schimmernde Lebewesen aller Art. Sie in einem nur mit Schwarzlicht beleuchteten Raum zu erleben, ist wahrlich eindrucksvoll.

STADTTHEATER BREMERHAVEN

Auch abseits der Havenwelten hat die Stadt schon immer etwas zu bieten gehabt. Das Stadttheater liegt am Theodor-Heuss-Platz in Bremerhaven-Mitte. Die zentrale Figur auf diesem Platz ist Johann Smidt, denn hier beginnt die Einkaufsmeile Bürgermeister-Smidt-Straße, kurz Bürger. Nichtsdestotrotz kennen die Alteingesessenen den Platz nur als Theaterplatz. Wochenmarkt, Weihnachtsmarkt und Bürgerbummel und was sonst noch für draußen anfällt finden hier statt. Das imposante Gebäude des Stadttheaters bildet einen gelungenen Rahmen. 1867 gilt als Anfangsjahr eines Mehrspartentheaters in der Stadt Bremerhaven. Das Publikumsinteresse wuchs stetig, 1909 wurde das heutige Gebäude fertiggestellt. Es hatte eine halbrunde Fassade im Jugendstil, künstlerisch und repräsentativ. Am 18. September 1944 wurde das Haus nahezu völlig zerstört, die

Jugendstilfassade blieb als einziges intakt. 1950 war der Wiederaufbau fertiggestellt.

Die Bremerhavener liebten ihr Theater, das Große Haus, das Kleine Haus, das Kinder- und Jugendtheater genau wie die Niederdeutsche Bühne Waterkant. Als Ende des zwanzigsten Jahrhunderts das Gebäude baufällig zu werden drohte, half eine gewaltige Spendenbereitschaft der Bevölkerung, alles wieder herzurichten. Bis heute finden alle Aufführungen großen Zuspruch. Auch alltags sitzen Menschen auf den halbrunden Treppenstufen, die zu den großen Eingangstüren führen, schnacken miteinander oder genießen ein Eis. Wenn ein Junggeselle dreißig Jahre alt wird, ist es Brauch, dass er diese Stufen fegen muss, bis ihn eine Jungfrau freiküsst. Sein Freundeskreis macht sich einen Spaß daraus, das Stroh oder Konfetti oder was auch immer ständig wieder auseinander zu ziehen. Es ist eine feuchte fröhliche Angelegenheit und sehr oft ist der Altleher Hahnentritt mit von der Partie. Bei 115.000 Einwohnern findet der Spaß recht häufig statt, und immer wird anschließend anständig aufgeräumt.

Parks und Outdoor

WESER-STRANDBAD

Frischluftfanatiker sind in Bremerhaven gut aufgehoben. Im Bereich der Havenwelten, direkt hinterm Deich, liegt das Weser-Strandbad. Hier kann man im Strandkorb relaxen, während die Möwen schreien und die Kinder lachen. Man kann verträumt auf die Sonnenreflexe auf den Wellen schauen oder einen Küstenkrimi lesen. Und selbstverständlich kann man mit den Füßen ins Wasser gehen. Das ist mal näher dran und mal weiter weg, je nach Wasserstand. Bremerhaven hat einen erheblichen Tidenhub, das ist der Unterschied der Wassertiefen bei Ebbe und Flut. Er beträgt bis zu drei Metern. Deshalb sind im Fluss die Strömungen tückisch und unberechenbar und deshalb ist das

Baden im Wasser verboten. Früher bekamen Bremerhavener Kinder am Deich zu hören: Geh bloß nicht mit den Füßen ins Wasser, da sind Industrieabwässer drin! Dass die Weser heute wieder eine vorzügliche Wasserqualität hat, ist schon fantastisch.

DEICH

Die gesamte Länge Bremerhavens schmiegt sich an den Lauf der Weser. Schon die germanischen Stämme schützten ihre Häuser und Höfe vor dem Hochwasser, indem sie vor dem Bauen künstliche Hügel aufschütteten, denn einige Zentimeter konnten schon den Unterschied zwischen Leben und Tod für Menschen und Vieh bedeuten. Das geht für einzelne Gebäude.

Als die Bevölkerung wuchs, war das nicht mehr praktikabel. Also kamen sie auf die Idee, das ganze Dorf zumindest mit einem Wall zu umgeben. Und irgendwann bekam der Fluss und die ganze Nordseeküste so einen Wall aus festgestampftem Erdreich, befestigt und grasbewachsen. Im Lauf der Zeit lernten die Menschen, welche Form, Breite und Höhe am effektivsten sind. Die Deiche wurden höher, aber flacher. Der Bewuchs mit Gras ist immer noch unübertroffen gut, um den Deich zu erhalten. Und gleichzeitig bieten sich so wunderbare Wanderwege an. Immer am Wasser lang, kurzes Gras unter den Füßen, die Nase im Wind und Lachfältchen, weil es so schön ist. Das Wetter lässt sich an den tierischen Mähmaschinen, den Schafen, ablesen, zumindest die Windstärke und ob es regnet. Dann hängt die Wolle zwar nach unten, ist aber nass…. Bis nach Cuxhaven erstreckt sich der Weserdeich und lädt zum Wandern ein. Innerhalb Bremerhavens sind allerdings manchmal Hafenbecken dazwischen, aber über die Schleusen kann man gut weiterlaufen.

BÜRGERPARK

Wem die Weser zu nass ist und wer Bäume lieber als Gezeiten mag, der ist in den beiden großen Parks richtig am Platz. In Geestemünde liegt, ganz in der Nähe des Hauptbahnhofs, nur ein paar Gehminuten entfernt, der Bürgerpark. Bürger heißt in diesem Falle mal nicht Bürgermeister Smidt, sondern tatsächlich Bremerhavener. Die Menschen wollten einen Park haben, die Menschen brachten das Geld auf, und die Menschen nutzen ihn regelmäßig, liebend gerne, zu allen Jahreszeiten, alleine, als Familien und so weiter. Er existiert seit 1908. 64 Hektar Grünanlagen laden zum Seele baumeln und tief durchatmen ein. Es gibt naturnahe Waldgebiete, offene Wiesen, gestaltete Gartenanlagen, einen großen Teich und gepflegte Wege. Auch viele Spielplätze laden zum Verweilen ein. Viele Bäume sind schon sehr alt und imposant. Zuweilen sieht man Hobbymaler am Werk und kann mit ihnen ins Gespräch kommen.

SPECKENBÜTTELER PARK

Der andere Bremerhavener Park befindet sich in Speckenbüttel, zwischen den Hafenanlagen und Leherheide. Ab ca. 1890 wurde des Waldstück Speckenbütteler Holz, das war ein damals schon alter Eichenbestand, in den Speckenbütteler Wald umgewandelt, 1906 auf 13 Hektar erweitert, 1910 um den Bootsteich ergänzt und in den neunzehnhundertzwanziger Jahren weiter vergrößert. Heute erstreckt er sich über eine Fläche von 80 Hektar. Nur wenige Kilometer vom geschäftigen Hafen entfernt finden

Spaziergänger Ruhe, Blätterrauschen, Entenge-schnatter und man kann auftanken. Seit 2001 gibt es die Allee der Heilenden Bäume, das sind 13 Baumar-ten mit 52 Bäumen, die in der Medizin und im Volks-glauben als heilkräftig gelten.

Das Volkskundliche Freilichtmuseum Specken-büttel wurde ebenfalls im Jahr 1908 gegründet und beinhaltet die Häuser der Bauern von Geest, Marsch und Moor, zum Teil aus dem 17. Jahrhundert. Es er-streckt sich über acht Hektar, mit allen möglichen Gebäuden und Nebengebäuden, Schuhmacherwerk-statt, Windmühle und Backhaus, Scheunen und so weiter. Der Bauernhausverein Lehe unterhält das Freilichtmuseum allein mit Eintrittsgeldern, Spen-den und Eigenleistung der engagierten Mitglieder.

THIELES GARTEN

Thieles Garten ist nur etwa 20.000 Quadratmeter groß und liegt in Leherheide. Das Besondere sind die zahlreichen Skulpturen und Brunnen, die in der ma-lerisch angelegten Phantasielandschaft bestaunt werden wollen. Die Brüder Gustav und Georg Thiele haben ab 1929 über viele Jahre hinweg hier ihre

Träume Wirklichkeit werden lassen. Sie waren Bildhauer und Maler, Georgs Frau Grete, selbst Malerin, war das Modell für viele der Skulpturen. Anfänglich wurde der Garten rein privat genutzt, später dann aber der Öffentlichkeit zugänglich gemacht. Für Touristen wird also ganzjährig gut gesorgt. Daneben gibt es regelmäßige Veranstaltungen.

Veranstaltungen

Hier eine Übersicht über Veranstaltungen (ohne Anspruch auf Vollständigkeit):

Im Mai gibt es den Frühjahrsmarkt und die Lange Nacht der Kulturen. Ebenfalls im Mai findet ein Volkslauf statt, genannt Laufen zwischen City und Meer.

Der Bremerhaven-Marathon im Juni zieht immer auch überregionale Sportler an. Die Strecke führt durch die Innenstadt, Start und Ziel ist an der Großen Kirche, der Bürgermeister-Smidt-Gedächtniskirche. In dieser Form ist er seit 2005 etabliert. Auch im Fischereihafen ist im Juni besonders was los: hier gibt es auch ein Rennen, aber ganz anderer Art. Das

Fischereihafenrennen ist ein Motorradrennen im Hafengebiet und ist nach dem Moto-GP-Lauf auf dem Sachsenring die zweitgrößte Motorrad-Rennveranstaltung in Deutschland. Es findet seit 1952 regelmäßig im Fischereihafen statt. Im Juli folgt die Bremerhavener Festwoche.

Bremerhavener Freimarkt ist jedes Jahr im August. Neben dem Stadthallengelände ist die große Freifläche der Treffpunkt für Jahrmarktfans von überall her. Groß und Klein finden viele Möglichkeiten, den Adrenalinspiegel in die Höhe zu treiben. Solange die amerikanischen Streitkräfte und ihre Familien in der Stadt lebten, fand gleichzeitig direkt daneben das deutsch-amerikanische Freundschaftsfest statt. Alle Bremerhavener Kinder fanden das amerikanische Eis viel leckerer als das deutsche…. Die Erinnerung daran lebt weiter. Im September findet die Weser-Inline-Tour statt und das frühere Bunt statt braun Festival heißt jetzt United we stand. Im Dezember verwandelt sich der Theaterplatz in ein winterliches Zauberland, dann stehen hier die Buden des Weihnachtsmarktes. Fast den ganzen Monat lang riecht es herrlich nach Glühwein, Bienenwachskerzen und Tannengrün.

SAIL BREMERHAVEN

Die wichtigste regelmäßige Großveranstaltung ist die SAIL Bremerhaven. Sie findet alle fünf Jahre statt, immer im August, und sie ist eines der größten Windjammertreffen nicht nur Europas, sondern der Welt. Viele Menschen wissen das nicht, denn es gibt andere ähnliche Veranstaltungen, zum Beispiel in Kiel oder Rostock. Sie sind auch schön, aber wirklich bestenfalls ähnlich. Allerdings scheinen sie in den Medien mehr Aufmerksamkeit zu bekommen. Hier in Bremerhaven treffen sich alle fünf Jahre Hunderte Schiffe und Hunderttausende Menschen. 1986 wurde das Sail zum ersten Mal ausgerichtet, und sie war sofort ein Supererfolg. Die nächsten Großsegler-treffen fanden 1990, 1992 und 1995 statt, ab dann etablierte sich der Fünf-Jahres-Abstand, auch wegen der besseren Planungsmöglichkeiten.

Schon das Wort Windjammer verklärt die Segel-schiffromantik früherer Tage. In See stechen, frei sein, mit Wind und Wellen ringen und die Oberhand behalten, von Hafen zu Hafen schippern und überall eine Braut finden.... ein ganzer Kerl sein. Das regt bis heute die Phantasie der Menschen an. In Bremer-haven sind für ein paar Tage Hunderte Schiffe versammelt. Klipper, Schoner, Barkassen, Tjalks, Kutter, Slups und Segelyachten aller Größen treffen beim umjubelten „sail in" in Bremerhaven ein und steuern ihre Liegeplätze in vielen Hafenbecken an. Der Alte und der Neue Hafen sind voll mit Schiffen, hier liegen auch die größten Attraktionen. Auch Nachbauten historischer Schiffe sind dabei und werden bestaunt, zum Beispiel Wikingerboote, die Kogge Ubena von Bremen, Fregatten und Brigantinen. Sie alle sind herausgeputzt und beflaggt, am Abend sind sie stimmungsvoll beleuchtet. Fast alle können besichtigt werden, und das bedeutet, die Leute strömen herzu, schauen und fragen und sind begeistert. Vom Fischereihafen im Süden bis zum Kaiserhafen im Norden tummeln sich Schiffe, ihre Besatzungen und die Besucher. Es gibt die Möglichkeit, Stempel von den teilnehmenden Schiffen zu sammeln. Manche Leute haben bereits von allen Schiffen von allen acht Sails Stempelkarten......Die Kajen und Ufer sind gesäumt von Buden aller Art, verhungern und verdursten braucht hier niemand. Souvenirs, maritimes Gedöns, Ausrüstung und Volksfestbuden wechseln sich ab. Chöre treten auf, Bremerhavens Partnerstädte präsentieren sich und bei besonderen Hafenrundfahrten kann man die Schiffe von der Wasserseite her bestaunen.

Bei der letzten Sail vom 12. bis 16. August 2015 nahmen rund 270 Schiffe aus 22 Nationen teil. Bremerhaven mit seinen 115.000 Einwohnern beherbergte 1,2 Millionen Besucher! Elf Großsegler mit mindestens drei Masten nahmen teil. Einige Namen sind: die Vier-Mast-Barken Sedov von 1921 (das russische Segelschulschiff), Krusenstern (sie wurde 1926 in Bremerhaven gebaut und sie ist gut an ihrem schwarzweißen Rumpf zu erkennen), Sea Cloud I (ein Luxuskreuzfahrtschiff von 1931) und die Esmeralda (vergleichsweise jung, von 1952). Sie sind alle um die hundert Meter lang. Mit drei Masten präsentieren sich zum Beispiel: die Amerigo Vespucci (seit 1931 mit Ausnahme des Zweiten Weltkriegs ununterbrochen im Dienst, Segelschulschiff der italienischen Marine), die Dar Mlodziezy (erst 1981 in Danzig gebaut, polnisches Segelschulschiff für angehende Offiziere der Handelsmarine), die Mir (noch jünger, von 1987, auch aus Danzig, aktuell schnellster Großsegler der Welt) und die Staadsrad Lehmkuhl (auch Segelschulschiff, wurde 1914 in Geestemünde gebaut, heute norwegisch).

Das Flaggschiff ist normalerweise das Segelschulschiff der Deutschen Bundesmarine, die Gorch
Fock. Sie wurde 1958 in Dienst gestellt, und sie wird
seit 2016 restauriert. Die Kosten steigen unabseh-
bar, und der Zeitplan ist schon längst überholt. Aber
es gibt eine würdige Vertretung! Wenn sie nicht zur
Verfügung steht, übernimmt die grüne Alexander
von Humboldt, beziehungsweise aktuell die Alexander von Humboldt II. Das erste Schiff dieses Namens
ist einem breiten Publikum aus der Werbung bekannt, Beck´s Bier verbinden heute noch viele Bier-
liebhaber mit diesem schmucken Schiff. Es wurde
1906 in Bremen gebaut und liegt heute dort als Ho-
tel- und Gastronomieschiff fest. Die Alexander von
Humboldt II wurde erst 2011 als ziviles Segelschulschiff mit Heimathafen Bremerhaven in Dienst gestellt. Sie trägt den Beinamen „Windjammer für die
Jugend, denn die Deutsche Stiftung Sail Training, die
das Schiff betreibt, hat den Traum, mit vielen ehren-
amtlichen Menschen vor allem Jugendliche für das
Leben auf Großseglern zu begeistern. Das Erlebnis
traditioneller Seemannschaft verbindet mittlerweile
über 36.000 Menschen bei über 1.000 Segeltörns.

Dieses Prachtstück ist das Flaggschiff der SAIL. Können Sie sich den Anblick vorstellen?

Der Höhepunkt ist die Parade zum Abschluss am Sonntagnachmittag. Alle Schiffe hinter- und nebeneinander, alle wenn möglich unter Segeln, die Mannschaften auf den Rahen, alle über die Toppen geflaggt, alle Zuschauer jubelnd, ein unvergessliches Erlebnis. Ja, es hat auch schon mal geregnet, das tut aber keinen Abbruch. Und bisher hatten die Schafe immer ihre Locken schön! Übrigens, die nächste Sail ist vom 19. bis 23. August 2020.

Wir sehen uns - in Bremerhaven!

Packliste

Geld & Finanzen

O (evtl.) Auslandswährung
O Bargeld
O Bauchtasche
O Brustbeutel
O Bauchtasche
O EC-Karte
O Kreditkarte
O Notfall-Telefonnummern der Banken
O Portmonee

Hygiene

O Haarbürste / Kamm
O Deo (klein)
O Shampoo
O Kulturtasche
O Sonnencreme
O Taschentücher

O Reise-Zahnbürste und Zahnpasta
O Verhütungsmittel

Kleidung

O Badeklamotten
O Gürtel
O Hosen kurz / lang
O Mütze / Cap / Hut
O Pullover
O Regenjacke
O Schlafanzug
O Socken
O Sonnenbrille
O Sportklamotten / Jogginghose
O T-Shirts
O Unterwäsche

Medikamente

O Blasenpflaster
O Anti-Durchfalltabletten
O Erste-Hilfe-Set

O Fiebertabletten

O Fiebertabletten

O Mückenschutz

O sonstige Medikamente

O Pflaster

O Kopfschmerztabletten

Unterlagen & Papiere

O ADAC Unterlagen

O Adresslisten für Postkarten

O Krankversicherungsnachweis

O Stadtplan

O Führerschein

O Unterlagen für die Unterkunft

O Wasserdichte Hülle für Reiseunterlagen

O Impfausweis

O Mietwagenunterlagen

O Personalausweis

O Reisepass

O Reisetagebuch

O evtl. Studentenausweis

O evtl. Visum

O Zug- / Bahn- / Flugticket

Taschen & Rucksäcke

O Koffer / Trolley / Reisetasche

O Regenhülle für Rucksack

O Rucksack

Schuhe

O Badeschlappen / Hausschuhe

O Schuhe und Wechselschuhe

Sonstiges

O Brille / Kontaktlinsen und Etui

O Buch zum Lesen

O Ohrenstöpsel und Schlafmaske

O Regenschirm

O Reisedecke

O Wasserflasche

O Wörterbuch

Elektronik

O Digitalkamera
O Handy
O Ladekabel
O Kopfhörer
O evtl. Steckdosenadapter
O Power-Bank

Falls du das Taschenbuchformat erworben hast, erhältst du bei uns auch immer kostenlos das entsprechende eBook dazu. Du findest es in deinem Amazon-Konto.

Als Kunde unseres Verlagshauses hast du die Möglichkeit, dich mit unserem Mutterverlag bei Facebook zu verbinden und dir deinen Zugang zu unserem exklusiven Online-Archiv zu sichern. Du hast dort direkten Zugang zu vielen unserer Bücher und kannst dir diese kostenlos als PDF downloaden.

www.bit.ly/inselliebe-verlag

Zusätzlich hast du die Möglichkeit, über unsere Neuerscheinungen informiert zu werden und diese innerhalb der ersten 5 Tage kostenlos als eBook herunterzuladen.

Klicke jetzt auf den Link, um dir kostenlos deinen Lesestoff zu vielen interessanten Themen zu sichern!

Herstellung und Verlag:

BoD – Books on Demand, Norderstedt

ISBN: 9783750420601

1. Auflage

Kontakt: Psiana eCom UG/ Berumer Str. 44/ 26844 Jemgum

Covergestaltung: Fenna Larsson

Coverfoto: depositphotos.com